SCRIPTS HYPNOTIQUES

EN HYPNOSE ERICKSONIENNE ET P.N.L.

Partie 3

Constant WINNERMAN

SCRIPTS HYPNOTIQUES

EN HYPNOSE ERICKSONIENNE ET P.N.L.

Partie 3

SCRIPTS HYPNOTIQUES EN HYPNOSE ERICKSONIENNE ET P.N.L. PARTIE 3.

Copyright © 2010 Constant Winnerman, *Winnerman Productions E.U.R.L.*

Tous droits réservés. Toute reproduction, même partielle, du contenu, de la couverture, par quelque procédé que ce soit (électronique, photocopie...) est interdite sans autorisation écrite de *Winnerman Productions E.U.R.L.*

Édition : BoD – Books on Demand, info@bod.fr

Impression : BoD – Books on Demand, In de Tarpen 42, Norderstedt (Allemagne)

Impression à la demande

ISBN: 978-2-8106-2082-1

Dépôt légal: Novembre 2010.

Je dédie ce livre à tous ceux qui partagent ma grande passion pour l'Hypnose.

Je dédie également cet ouvrage à mon fils, Alexis.

Constant WINNERMAN.

Sommaire

A propos de l'Auteur

L'Auteur   **11**

A propos de ce livre

Avertissement   **13**

Scripts Hypnotiques   **15**

Réduire l'appétit   **17**
Contrôle de la douleur   **25**
Phobie de l'avion   **31**
Gestion des émotions   **41**
Vies antérieures   **49**

A découvrir…   **59**

Auto-Hypnose : Mode d'emploi   **61**
Formations et stages en Hypnose   **63**

A propos de l'Auteur

Constant WINNERMAN est le fondateur de l'Ecole Française d'Hypnose, au sein de laquelle il a animé de nombreuses formations.

Constant s'est formé à l'Hypnose et à la PNL en 2003.

Depuis 2012, Constant n'exerce plus.

A propos de ce livre

L'auteur tient particulièrement à rappeler au lecteur, ou à l'informer, que la pratique de l'Hypnose dans le cadre de la relation d'aide est une approche « **Utilisationnelle** »; entendez par là « qui utilise ce que le sujet et l'environnement présentent ». En conséquence, une séance d'Hypnose est unique, différente de toutes les autres, et n'est donc pas reproductible à l'identique. La séance se construit sur l'instant en fonction des réactions « calibrées » (c'est-à-dire recueillies, le plus souvent aux niveaux Visuel et Auditif) chez le sujet par le Praticien. Par conséquent, il n'est pas concevable qu'une séance d'Hypnose soit totalement préparée à l'avance, et dans l'idéal, les Scripts Hypnotiques exposés dans ce livre constitueront seulement pour le lecteur une source d'inspiration et des bases de travail pour sa pratique.

Cet ouvrage est prioritairement destiné aux personnes pratiquant déjà l'Hypnose et/ou la P.N.L.

SCRIPTS HYPNOTIQUES

EN HYPNOSE ERICKSONIENNE ET P.N.L.

Partie 3

<u>A noter:</u> **Dans les Scripts Hypnotiques qui suivent, les mots en lettres majuscules sont saupoudrés* et les fautes d'orthographe sont volontaires.**

* Le *Saupoudrage* est une technique de communication subliminale, consistant à « marquer », à « appuyer » certains mots d'une phrase, qui mis bout à bout, forment des suggestions destinées à l'Inconscient du sujet.

Pour parvenir à un résultat satisfaisant, vous devrez prendre le temps de vous entrainer à pratiquer.

Le *Saupoudrage* peut être :

- Visuel : En associant les mots saupoudrés à un geste.

- Auditif : En prononçant les mots saupoudrés de façon légèrement différente des autres mots de la phrase, et en plaçant un bref silence avant et après (représenté dans cet ouvrage par trois pointillés « ... »). Certains verbes à l'infinitif sont conjugués dans leur prononciation.

- Kinesthésique : En touchant physiquement la personne à chaque mot saupoudré (certains le font spontanément !).

Réduire l'appétit

Cette séance d'Hypnose va vous aider à réduire les quantités alimentaires que vous mangez, et en conséquence à perdre du poids.

La phase de travail hypnotique repose sur la réduction imaginaire de la taille de votre estomac.

Votre perception de la taille de votre estomac étant modifiée à un niveau Inconscient, vos comportements alimentaires s'en trouveront alors transformés, d'une façon plus constructive et meilleure pour vous.

L'objectif recherché est un amincissement naturel par la réduction de l'appétit; vous pourrez alors manger de tout, en quantités plus raisonnables qu'avant, naturellement et simplement. Cette séance ne se substitue en aucun cas à un traitement médical ni à la consultation d'un professionnel de l'Hypnose en cabinet.

Les troubles du comportement alimentaire sont un domaine bien vaste où nous rencontrons différents profils, parmi lesquels, des sujets qui se livrent aux grignotages, également des personnes anorexiques, boulimiques, hyperphages (à savoir des individus qui se remplissent jusqu'à plus soif, ou dirons-nous jusqu'à plus faim !), des personnes qui sont plutôt portées sur les aliments plaisirs (ceux qui souvent sont bons au gout, mais pas forcément pour la ligne !). Et il y a, parmi tous ces gens, celles et ceux qui ont des difficultés avec les quantités, à savoir, pour parler simplement : celles et ceux qui mangent trop.

Cette séance d'Hypnose va vous aider à réduire les quantités que vous mangez.

Nous allons commencer par induire un E.M.C. ou Etat Modifié de Conscience, cet état de plus grande suggestibilité, dans lequel votre Inconscient est beaucoup plus présent que d'ordinaire. Je vais ensuite vous suggérer d'imaginer, sous la forme d'images (le langage de l'Inconscient étant imagé, comme dans les rêves), que cet estomac rétrécit. Et en conséquence, dans les faits, dans les actes, dans vos comportements alimentaires, si votre estomac a rétrécit, alors vous mangerez en quantités moindres qu'avant.

Vous pouvez prendre une position… CONFORTABLE…, dans laquelle vous… SOYEZ BIEN…, parfaitement installé, à l'aise,… CALME… et… DETENDU…

Peut-être que vous pouvez commencer à fixer un point devant vous, par exemple sur le mur.

A partir de maintenant, concentrez toute votre attention, tout votre esprit, tout votre conscient, sur ce point.

Surtout, ne… LAISSEZ… pas… VOTRE ESPRIT S'EN ALLER…, ne… LAISSEZ… pas… VOTRE ESPRIT S'ECHAPPER…

C'est… TRES SIMPLE…, il vous suffit juste de fixer le point devant vous, un moment, bien attentivement.

Peut-être que vous pouvez faire comme si ce point était réellement intéressant pour vous.

Peut-être comme si vous aviez la mission de le surveiller.

Observez-le bien attentivement, bien en détails. Sa forme, sa taille, sa couleur, quelle est-elle ?

… FERMEZ LES YEUX… en guise de rupture avec le monde extérieur.

Et les… PAUPIERES… se sont… FERMEZ…, comme quand vous allez… VOUS ENDORMIR…, comme quand vous êtes allongé dans ce lit, le soir.

Peut-être sur le dos, peut-être sur le côté, et que vous avez cette… IMPRESSION… ou cette… SENSATION… d'être positionné de cette façon-là, et que vous… COMMENCEZ A… choisir la position dans laquelle vous allez… VOUS ENDORMIR… Une position qui vous permet d'… ETRE BIEN…

Une position qui vous permet d'être… REPOSEZ…

A l'aise, … CONFORTABLE…

Une position, peut-être même, dans laquelle le… CORPS… tout entier peut se… DETENDRE…, après tous les efforts de la journée, toutes les activités.

Une position dans laquelle le… DOS… se… RELAXE…

Une position dans laquelle les… JAMBES… se… DETENDENT…

La… TETE…, … CONFORTABLEMENT… installée sur cet oreiller… MOELLEUX…, … PLAISANT… et… DOUX…

Petit à petit, dans cette position, les traits du... VISAGE... se... RELACHENT...

Toutes les parties du... CORPS... se... DETENDENT...

Et les vieilles tensions, les petites tensions, de plus en plus petites, laissent place à la... DETENTE...

Et peut-être avez-vous l'... IMPRESSION... ou la... SENSATION... que certaines parties du... CORPS... sont... PLUS LOURDES..., ... PLUS PESANTES..., ou peut-être pas.

... REPOS...

... CONFORT...

... DETENTE...

... CALME AGREABLE...

La... RESPIRATION... montre bien que vous vous... REPOSEZ...

... DETENDEZ-VOUS...

... DETENDEZ-VOUS...

Vous entrez dans cet état, peut-être proche du sommeil, peut-être pas encore.

Vous vous... LAISSEZ-ALLER..., vous... RELACHEZ TOUT..., vous... LACHEZ-PRISE..., vous rentrez dans la... DETENTE..., dans le... CONFORT..., le... BIEN-ETRE...

Alors peut-être que vous pouvez commencer par... VISUALISEZ CET ESTOMAC..., à cet endroit précis du ventre, dans ce corps. Regardez à quoi il ressemble, regardez comment il est fait, regardez sa taille, regardez sa forme, sa profondeur.

La Vie est Hypnose, et vous faites souvent, comme beaucoup de gens, de l'Hypnose, sans vous en rendre compte. Par exemple, quand vous vous projetez dans un avenir probable : vous conditionnez cet avenir, vous écrivez déjà, d'une certaine manière, cet avenir. Ces visualisations, ces autosuggestions, sont de l'Hypnose.

Alors peut-être que sur le même principe, de la même manière, nous pouvons commencer cet exercice. Et peut-être que vous pouvez commencer à… IMAGINEZ…, à… RESSENTIR…, comme cet… ESTOMAC… peut… REDUIRE…, comme sa taille peut… REDUIRE... Cet… ESTOMAC… peut devenir de plus en… PLUS PETIT…, et continuer à devenir de plus en… PLUS PETIT…, … ENCORE…

Vous savez, comme quand on dit : « elle a, il a, un appétit d'oiseau ».

… REDUIRE…, jusqu'à … L'ESTOMAC… de cette personne qui a un appétit d'oiseau ; ou peut-être, simplement, … REDUIRE… jusqu'à la taille de… L'ESTOMAC… qui correspond aux comportements alimentaires, aux… QUANTITES…, que vous voulez… POUR VOUS…

A présent, … L'ESTOMAC REDUIT… au niveau des… QUANTITES… alimentaires que vous voulez pour vous.

Je répète : A présent, … L'ESTOMAC REDUIT… au niveau des… QUANTITES… alimentaires que vous voulez pour vous.

Et à partir de maintenant, quelques soient le moment, le lieu, votre… ESTOMAC… est… REDUIT…à ce niveau.

Je répète : A partir de maintenant, quelques soient le moment, le lieu, votre… ESTOMAC… est… REDUIT…à ce niveau.

Et vos comportements alimentaires en découlent et en découleront désormais.

Alors peut-être que vous pouvez… PRENDRE LE TEMPS…, un moment, de vous… IMAGINEZ… dans cet… AVENIR…, où votre comportement alimentaire est… DIFFERENT…, … MEILLEUR… pour vous, où c'est le comportement alimentaire de cette… NOUVELLE PERSONNE… que vous êtes devenue, avec cet… ESTOMAC PLUS PETIT…, … PLUS REDUIT…, alors vous… DEVENEZ PLUS MINCE…, jour après jour,… VOUS DEVENEZ… et vous deviendrez… PLUS MINCE... Et vous… CONSTATEZ…, et vous constaterez, cette… MINCEUR…, dans le miroir, dans le regard de l'autre, et au quotidien, à différents moments.

Il ne nous reste plus qu'à laisser les choses s'… INTEGREZ…, s'… INSTALLEZ…, se… METTRE EN PLACE…

A retrouver notre quotidien, ou presque, puisque vous allez à présent… ENTREZ… dans votre… NOUVELLE VIE…, forcément transformée, modifiée, différente,… PLUS POSITIVE… et… MEILLEURE… qu'avant.

Et à laisser les choses se faire, à laisser cet Inconscient… GENEREZ LA SOLUTION…

Et je compte jusqu'au chiffre 5.

1. Vous vous apprêtez à revenir Ici et Maintenant.

2. Ma voix devient plus forte et plus rapide, et vous… RESSENTEZ VOTRE CORPS… en pleine Vie, parfaitement… CALME…, … DETENDU… et… RELAXEZ…

3. Vous prendre quelques… GRANDES… et… PROFONDES INSPIRATIONS… : inspirez… PROFONDEMENT…, soufflez… COMPLETEMENT…, voilà, et les poumons se vident… TOTALEMENT…

4. Vos… PAUPIERES… sont… PLUS LEGERES…, vous vous apprêtez à revenir dans cette pièce, à votre quotidienneté.

5. Vous pouvez ouvrir vos yeux, revenez Ici et Maintenant.

Bonjour !

Contrôle de la douleur

L'objectif de cette séance d'Hypnose est de contribuer à limiter, et peut-être même à faire disparaitre, une douleur physique.

La dissociation, l'une des étapes de la transe hypnotique, consiste à séparer le corps de l'esprit, l'un et l'autre devenant en quelque sorte indépendants. Il est donc très fréquent que, pendant la séance d'Hypnose, le sujet hypnotisé ne ressente plus son corps, et qu'il ait l'impression d'en être détaché.

Nous allons utiliser ce phénomène pour travailler sur la douleur, en recherchant à provoquer une hallucination kinesthésique, c'est à dire une transformation de votre perception subjective au niveau des sensations. Bonjour. Cette séance d'Hypnose va contribuer à… LIMITEZ…, et peut-être même à faire… DISPARAITRE…, une… DOULEUR… physique, que vous êtes susceptible d'avoir au moment où je vous parle.

Cette séance ne se substitue en aucun cas à un traitement médical ni à la consultation d'un professionnel de l'Hypnose en cabinet.

Pour… COMMENCEZ…, je vous propose de prendre une… POSITION… bien… PLAISANTE…, et bien… AGREABLE…, dans laquelle vous… SOYEZ BIEN…

Et même si, en ce moment-même, vous… RESSENTEZ… peut-être cette… SENSATION… qui n'est vraiment pas… PLAISANTE… et vraiment pas… AGREABLE…, vous pouvez peut-être la… LAISSEZ DE COTE…

Comme on dit, « seules les choses que l'on regarde existent. »

Prenons l'exemple d'une personne qui rougit, et qui consulte un Hypnothérapeute, pour un problème de rougissements excessifs. Bien souvent, plus cette personne focalise son attention sur son problème, et plus elle l'amplifie. C'est tout à fait évident : plus vous focalisez votre attention sur ce que vous ne voulez pas, et plus vous obtenez en retour, davantage de ce que vous ne voulez pas. Et en conséquence, je vous propose de… LAISSEZ DE COTE… cette… SENSATION…, pour vous… CONCENTREZ DAVANTAGE… et vous… CONCACREZ DAVANTAGE… au… POSITIF…, à savoir l'… ETAT… de… DETENTE…, l'… ETAT HYPNOTIQUE…, qui va… COMMENCEZ… à s'… INSTALLEZ… dans quelques instants.

Vous vous situez et vous vous trouvez à présent dans une position… AGREABLE…, et peut-être que vous pouvez laisser les… PAUPIERES… se… FERMEZ…

En sachant que durant cette séance, et à tout moment, si l'une de mes paroles, l'une de mes suggestions, ne vous convient pas, vous pouvez la laisser de coté, et juste… GARDEZ CE QUI VOUS CONVIENT…, ce qui vous parle, ce qui vous correspond, car ce qui est important c'est que vous… SOYEZ BIEN…, bien… DETENDU…, bien… RELAXEZ…

Peut-être que vous pouvez, pendant un moment, être attentif à la position de ce corps, dans ce fauteuil (ou dans ce lit).

A la position de la tête : est-elle droite, est-elle penchée, cette tête-là ?

A la position du bras droit : quelle est sa position exacte, quelle est sa position précise ?

Peut-être à la position du bras gauche : quelle est sa position exacte ? Qu'elle est sa position précise ?

Peut-être aussi que vous pouvez être attentif aux positions des jambes : la jambe droite, la jambe gauche, les deux.

Et au fur et à mesure que j'aborde ces parties du corps, vous focalisez peut-être votre attention sur elles.

La tête.

Le bras droit.

Le bras gauche.

Cette jambe droite.

Et cette jambe gauche.

Tous ces membres, toutes ces parties du… CORPS…, qui forment ce… CORPS…, qui composent le… CORPS… de cette personne, et que vous pouvez peut-être… VISUALISEZ… de l'… EXTERIEUR…, en… SPECTATEUR…, un peu comme si vous étiez… EN DEHORS…, un peu comme s'il n'était plus à vous, un peu comme si vous en étiez… DETACHEZ…, … DISSOCIEZ…

Et il y a des parties qui vont bien, où… TOUT SE PASSE BIEN… et qui se… DETENDENT DAVANTAGE…

Et il y a peut-être cette partie, qui est moins… DETENDUE…, qui n'est pas encore… BIEN DETENDUE…

Et peut-être, qu'en regardant ce… CORPS…, de l'… EXTERIEUR…, vous qui en êtes à présent… SPECTATEUR…, vous pouvez imager cette partie qui n'est pas encore… DETENDUE… Cette partie sur laquelle nous allons travailler ensemble.

Peut-être que vous pouvez y voir une boule de feu, peut-être y associer une autre image.

Toujours… SPECTATEUR… de ce… CORPS…, toujours… EN DEHORS…, le regardant de l'… EXTERIEUR…, peut-être que vous pouvez imaginer que cette boule de feu commence à… REDUIRE…

Que sa… TAILLE DIMINUE…, de plus en… PLUS…, et peut-être… DAVANTAGE… à chaque… INSPIRATION…

Pour devenir… PLUS PETITE…

Et alors que je vais me taire un moment, pendant ce temps, cette boule va devenir… COMME UN PETIT POIS…, un tout… PETIT POIS… Quand vous réentendrez ma voix, cette boule sera… UN PETIT POIS…, un tout… PETIT POIS…

[Pause]

… DETENDEZ-VOUS…

Nous allons nous… LIBEREZ… de ce… PETIT POIS…, car un petit pois… CIRCULE MIEUX…

Un petit pois… CIRCULE MIEUX… dans un tuyau.

Cette expérience me fait penser au jour où j'ai... PASSEZ L'ASPIRATEUR..., je tiens cet aspirateur, et je veux... ABSORBEZ... différentes... SALETES... Et je ne... REUSSIS... pas tout de suite à... ABSORBEZ... les grosses... SALETES..., parce qu'elles se coincent et bouchent le tuyau.

Alors, je les découpe, je les décompose, pour qu'elles deviennent de petits morceaux, et les petits morceaux glissent naturellement et simplement dans le tuyau de l'aspirateur, comme ce... PETIT POIS... qui peut... COMMENCEZ... à... GLISSEZ..., ... NATURELLEMENT... et... SIMPLEMENT..., dans le... BAS... du... CORPS..., en... DIRECTION... du... SOL..., et... DESCENDRE DAVANTAGE..., et vous pouvez suivre sa trajectoire, en imagination, et vous pouvez le voir... DESCENDRE DAVANTAGE..., toujours... SPECTATEUR... de ce... CORPS..., là-bas devant, et le laisser... QUITTEZ... ce... CORPS..., et s'... ENFONCEZ... dans le sol.

... INSPIREZ PROFONDEMENT... pour vous en... LIBEREZ COMPLETEMENT...

Voilà, ... INSPIREZ PROFONDEMENT..., ... SOUFFLEZ COMPLETEMENT... Très bien.

A présent, ... REGARDEZ... devant vous comme ce... CORPS... est... PARFAITEMENT LIBEREZ..., ... EMPLI... à tous les niveaux de cette... DETENTE..., de ce... BIEN-ETRE..., de cet... APAISEMENT..., de ce... GRAND CONFORT... et de cette... PROFONDE RELAXATION... qui remplace la tension.

Alors peut-être que vous pouvez... COMMENCEZ..., en imagination, à marcher vers ce corps, à... AVANCEZ... vers lui, pour le... RECUPEREZ..., pour... RENTREZ... en lui, pour... PRENDRE POSSESSION... de ce...

CORPS… en… PLEINE SANTE…, en… PLEINE FORME…, plein de… VITALITE…, et ainsi pouvoir… CONTINUEZ… et reprendre vos activités.

Allez-y.

[Pause]

… REPRENEZ… bien… POSSESSION… de… VOTRE CORPS…

Prenez quelques… GRANDES… et… PROFONDES INSPIRATIONS…, alors que vous êtes en… PLEINE SANTE…, en… PLEINE FORME…, plein de… VITALITE…

Et quand vous serez prêt, vous pourrez ouvrir vos yeux, et… REVENIR…, …ICI… et… MAINTENANT…

Bonjour !

Phobie de l'avion

Vous avez peur en avion ? Rassurez-vous, nous avons ce qu'il vous faut pour vous libérer de cette phobie.

Cette séance d'Hypnose va vous permettre de modifier la façon dont vous vous sentirez désormais lors de vos voyages en avion.

Vous allez apprendre à vous placer durablement dans un merveilleux état de détente, plaisant et agréable, que vous pourrez retrouver à chaque fois que vous prendrez l'avion.

Cette séance ne se substitue en aucun cas à un traitement médical ni à la consultation d'un professionnel de l'Hypnose en cabinet.

Je vous propose de prendre une position… CONFORTABLE… dans laquelle vous… SOYEZ BIEN… afin que nous commencions cette séance d'Hypnose sur la phobie de l'avion.

Voici comment cette séance va se dérouler :

Nous allons… INDUIRE… chez vous un E.M.C. ou Etat Modifié de Conscience, cet… ETAT… second… PLAISANT… et… AGREABLE… à vivre.

Une fois cet… ETAT INDUIS…, nous allons l'… APPROFONDIR… et l'utiliser pour… APPRENDRE… à être... PLUS SEREIN... et... PLUS DETENDU... en avion.

Durant l'Hypnose, à un moment donné, nous mettrons en place ce que l'on appelle un Ancrage de Ressource ; je vous demanderai de former un cercle avec le pouce et l'index (ces deux doigts devant se toucher), tout en prononçant ou en pensant simultanément un mot-clé positif (par exemple « détente »), et en vous concentrant sur l'état de détente dans lequel vous serez. Ainsi, lorsque vous serez dans l'avion, et que vous voudrez vous sentir plus à l'aise, il vous suffira de réactiver votre Ancrage de Ressource, en reformant le cercle avec le pouce et l'index, et en reformulant ou en repensant simultanément à votre mot-clé positif, pour retrouver instantanément l'état de détente.

Peut-être que, pour commencer, vous pouvez choisir un point devant vous, par exemple sur le mur.

Et à partir de maintenant, peut-être que vous pouvez observer, bien attentivement, le point que vous avez choisi de fixer.

... SURTOUT... ne... LAISSEZ... pas... VOTRE ESPRIT S'ECHAPPER..., fixez toute votre attention, tout votre conscient, sur ce point. Et si vous vous surprenez à... DETOURNEZ VOTRE ATTENTION SUR AUTRE CHOSE..., reprenez vite le contrôle, ne fixez que ce point.

Alors peut-être que vous pouvez vous intéresser à sa taille, sa dimension, sa forme, sa position.

Peut-être que vous pouvez faire comme si, seul ce point vous intéressait. Et... SURTOUT..., ne... LAISSEZ... pas... VOTRE ESPRIT S'ECHAPPER..., pas... TOUT DE SUITE...

Faites comme si vous étiez curieux de ce point, réellement intéressé par ce point, comme s'il allait peut-être bouger, s'échapper, et que vous deviez le surveiller, l'observer, bien attentivement.

Faites comme si, par exemple, vous n'aviez pas tout vu de ce point, et comme s'il restait tant d'autres choses à découvrir, à observer.

Et vous pouvez laisser les... PAUPIERES... se... FERMEZ...

Les... PAUPIERES... se sont... FERMEZ... et vous allez... EXPERIMENTEZ... un... ETAT... de... DETENTE..., ... PLAISANT... et... AGREABLE...

... DETENDEZ-VOUS...

Peut-être que vous pouvez déjà... RESSENTIR..., ... PERCEVOIR..., ce... LEGER ETAT..., ou peut-être pas encore.

Et durant cette séance et à tout moment, si l'une de mes suggestions, l'un de mes propos, ne vous convient pas, ne vous plait pas, ne vous correspond pas, vous pouvez le laisser de côté, et juste garder ce qui vous convient, car ce qui est important, c'est que vous... SOYEZ BIEN..., parfaitement à l'aise, ... CALME... et... DETENDU...

C'est une séance, aussi, peut-être, de... REPOS..., de... RECENTRAGE..., un moment... AGREABLE... que vous vous offrez. Et alors que vous êtes installé dans ce fauteuil, et que ma voix vous accompagne, ... CET ETAT... va s'... APPROFONDIR... de plus en plus.

Et peut-être que vous pouvez… COMMENCEZ… à mesurer sa… PROFONDEUR…, son degré de… CONFORT…

… DETENDEZ-VOUS…

… DETENDEZ-VOUS…

Vous pouvez… PENSEZ… : « Je me… DETENDS… »

« Qu'est-ce que je me… DETENDS… »

Qu'est-ce que c'est… BON… de se… DETENDRE…, qu'est-ce que c'est… PLAISANT… de se… LAISSEZ-ALLER…, … COMPLETEMENT…, … PROFONDEMENT…

Je me… DETENDS… et je me… LAISSE-ALLER…

Entrez dans un… ETAT PLAISANT…, … AGREABLE…, voilà.

Je peux… TOUT RELACHEZ…

Et bien souvent, dans cet état, la… RESPIRATION… devient… PLUS LENTE…, beaucoup… PLUS LENTE…, … CALME… et… TRANQUILLE…

Et peut être aussi que bien souvent, plus cette… RESPIRATION… devient… PLUS LENTE…, … CALME… et… TRANQUILLE…, et plus l'… HYPNOSE… continue de s'… INSTALLEZ…, de se… METTRE EN PLACE…, peut-être à différents niveaux, peut-être à tous les niveaux, je ne sais pas, et peut-être que vous le savez, peut-être que vous savez si cette… HYPNOSE… se… MET EN PLACE…, juste dans certaines parties de ce corps, ou peut-être dans toutes les parties.

Et parfois, dans cet état, différentes pensées peuvent traverser l'esprit, et on peut y être attentif, on peut les… REMARQUEZ…, les… RESSENTIR…, on peut aussi les laisser de côté, les laisser passer, les… LAISSEZ-FAIRE… ce qu'elles ont à faire, laisser le corps faire ce qu'il a à faire, bref laisser chaque partie faire ce qu'elle a à faire, très… SIMPLEMENT…, très… NATURELLEMENT…

Je me… DETENDS…

Je me… LAISSE-ALLER… davantage.

… PROFONDEMENT…

… CALMEMENT…

… AGREABLEMENT…

J'… ENTRES DAVANTAGE… dans ce… MERVEILLEUX ETAT… de… DETENTE…

Peut-être que je peux… PERCEVOIR… ou… RESSENTIR… certaines… SENSATIONS…, et alors que je déglutis à certains moments ou à d'autres, c'est la preuve que… CET ETAT… continue de s'… APPROFONDIR…, un peu comme un escalier qui… DESCENDS…, qui… DESCENDS PROFONDEMENT…, voilà.

Et peut-être que cette… TETE DESCENDS… aussi, ou peut-être pas, et je… DESCENDS… cet escalier, je… DESCENDS… l'escalier, et je… DESCENDS… encore. Plus je… DESCENDS… c'est escalier, et plus cet… ETAT… devient… PROFOND…, il n'y a rien à faire, juste… LAISSEZ… les choses se… FAIRE…, … NATURELLEMENT… SIMPLEMENT…, à leur rythme, …

FACILEMENT…, … PRESQUE… pas… AU BORD DU SOMMEIL…

… SOMMEIL CONFORTABLE…

Je vais me taire un moment. Quand cette partie de votre esprit, cet Inconscient, réentendra ma voix, vous serez… PROFONDEMENT DETENDU…, … AU BORD DU SOMMEIL…

… DETENTE PROFONDE…, … DESCENTE PROFONDE…, TOUT DE SUITE.

Je… DETENDS… le… CORPS… tout entier.

Et peut-être que vous pouvez… RETROUVEZ…, en imagination, un lieu, un moment, où vous avez cette… IMPRESSION…, cette… SENSATION…, d'être vraiment en… TOUTE SECURITE... Peut-être votre salon, peut-être votre lit.

Peut-être que vous pouvez… RETROUVEZ… tous les… DETAILS… visuels, les… IMAGES…, peut-être aussi toutes les… SENSATIONS… de… CONFORT…, de… BIEN-ETRE... Dans ce lieu, dans ce moment, vous êtes en… TOUTE SECURITE…, parfaitement à l'aise, … CALME… et… DETENDU…, vous vous situez dans votre… ZONE DE CONFORT...

Et alors que je vais me taire, vous allez pouvoir… VIVRE PLEINEMENT…, … PERCEVOIR COMPLETEMENT…, cette… EXPERIENCE... Faites comme si vous y étiez.

Et vous êtes dans ce moment, dans ce lieu, en… PARFAITE SECURITE... Ce… SENTIMENT DE CONFIANCE… et de… SECURITE… se… MOBILISE…, se… PROPAGE… et se… REPAND…, … EN VOUS…, à chaque... INSPIRATION... Et plus vous... INSPIREZ..., et plus vous êtes et vous vous... SENTEZ... en... CONFIANCE..., en... SECURITE...

Et quand vous allez... BIEN PERCEVOIR... ou... BIEN RESSENTIR... toute cette... CONFIANCE..., toute cette... SECURITE..., j'aimerais que vous formiez un cercle entre le pouce et l'index, en disant ou en pensant un mot, pour définir cet... ETAT... de... CONFIANCE... et de... SECURITE...

Et à partir de maintenant, quand vous êtes et quand vous serez dans l'avion, vous pouvez et vous pourrez... RETROUVEZ... instantanément cet... ETAT... de... CONFIANCE... et de... SECURITE..., en formant ce cercle avec le pouce et l'index, et en disant ou en pensant ce mot. Alors cet... ETAT... de... SECURITE..., cet... ETAT... de... CONFIANCE..., ... REAPPARAITRA..., se... REINSTALLERA..., ... COMPLETEMENT..., ... TOTALEMENT..., ... EN VOUS...

Je répète :

A partir de maintenant, quand vous êtes et quand vous serez dans l'avion, vous pouvez et vous pourrez... RETROUVEZ... instantanément cet... ETAT... de... CONFIANCE... et de... SECURITE..., en formant ce cercle avec le pouce et l'index, et en disant ou en pensant ce mot. Alors cet... ETAT... de... SECURITE..., cet... ETAT... de... CONFIANCE..., ... REAPPARAITRA..., se... REINSTALLERA..., ... COMPLETEMENT..., ... TOTALEMENT..., ... EN VOUS..., au plus... PROFOND... de... VOUS-MEME...

A présent, je vais vous demander de le réactiver, c'est-à-dire de refaire ce cercle entre le pouce et l'index. Et alors que vous le réactivez, je vais vous demander de vous projeter dans cet avenir, peut-être dans quelques jours, peut-être dans quelques semaines.

Cet avenir où vous... PRENEZ L'AVION..., où vous êtes... CONFIANT..., où vous avez de... BONNES IMPRESSIONS..., de... BONNES SENSATIONS..., vous vous... SENTEZ... en... TOUTE SECURITE..., et tout... SE PASSE BIEN... Vous pouvez peut-être vous... INSTALLEZ... dans votre fauteuil, ... REGARDEZ... tout autour de vous, ... RESSENTIR... cette... EXPERIENCE..., ... ENTENDRE... Et puis, juste... LAISSEZ... les choses se... FAIRE..., car quoi qu'il se passe, que l'avion monte, que l'avion descende, qu'il tourne à droite, qu'il tourne à gauche, vous avez cette... GRANDE IMPRESSION..., cette... FORTE SENSATION..., de... CONFIANCE... et de... SECURITE..., ... EN VOUS..., au plus... PROFOND... de... VOUS-MEME..., et vous êtes... BIEN..., et tout... SE PASSE BIEN...

Et à partir de maintenant, à tout moment et en tout lieu, quand vous prenez et quand vous prendrez l'avion, vous avez et vous aurez cette... GRANDE IMPRESSION..., cette... FORTE SENSATION..., de... CONFIANCE... et de ... SECURITE..., ... EN VOUS..., au plus... PROFOND... de... VOUS-MEME... Tout se... PASSE BIEN..., tout se... PASSERA BIEN...

Alors très simplement, je vais compter jusqu'au chiffre 5.

1. ... PERCEVEZ..., ... RESSENTEZ..., votre... RESPIRATION... ; chaque... INSPIRATION..., comme ceci, chaque... RELACHEMENT..., comme cela.

2. Peut-être que vous pouvez prendre quelques... GRANDES... et... PROFONDES INSPIRATIONS... : ...

INSPIREZ PROFONDEMENT…, … SOUFFLEZ COMPLETEMENT…

3. Parfaitement… CALME…, à l'aise, … DETENDU…, … TRANQUILLE… Vos… PAUPIERES… sont peut-être… PLUS LEGERES…, vous vous apprêtez à… REVENIR…

4. Vous pouvez vous… ETIREZ…, … BOUGEZ…

5. … OUVREZ VOS YEUX…, revenez Ici et Maintenant !

Bonjour !

Gestion des émotions

Que feriez-vous si vous pouviez modifier instantanément et à volonté l'intensité de vos émotions, comme vous le faites pour le volume sonore à l'aide du bouton de réglage de votre autoradio ? C'est possible avec l'Hypnose.

Grâce à l'Hypnose, c'est désormais vous qui gérez vos émotions et non l'inverse !

Cette séance ne se substitue en aucun cas à un traitement médical ni à la consultation d'un professionnel de l'Hypnose en cabinet.

Pour profiter au mieux des bienfaits de notre travail, choisissez un lieu confortable, où vous vous sentez en sécurité, et où vous pourrez vous concentrer sans être dérangé.

Vous êtes à présent installé, très bien.

Fermez les yeux.

Durant cette séance, si l'une de mes suggestions ne vous convient pas, vous pouvez tout à fait la laisser de côté, et juste… GARDEZ CE QUI EST BON POUR VOUS… Ce qui est important, c'est que vous… SOYEZ BIEN…

A tout moment, vous pouvez bouger, changer de position pour… DAVANTAGE DE CONFORT…, bailler,

vous gratter, ce qui est important, c'est que vous...
SOYEZ BIEN...

Commencez par... RESSENTIR..., ... EN VOUS..., cette... PAIX INTERIEURE..., cette... PAIX... qui... ENVAHIT... le... CORPS... et l'... ESPRIT...

Peut-être que vous pouvez être... ATTENTIF... et... RESSENTIR... cette... PAIX... qui s'... INSTALLE... à l'... INTERIEUR... de vous-même.

... DETENDEZ-VOUS...

Vous allez vous concentrer pour imaginer que vous êtes dans la cour d'une école.

Visualisez clairement et parfaitement cette cour.

Les arbres, les élèves en récréation, qui jouent, qui courent, qui rient.

[Pause]

Peut-être que vous pouvez voir la cloche, juste près de la porte de la salle de classe.

Et comme c'est la fin de la récréation, peut-être que vous pouvez vous rapprocher de cette cloche, car vous êtes le maitre, l'instituteur, et vous allez sonner la fin de la récréation.

Vous êtes donc près de cette cloche, levez le bras et prenez la chainette de cette cloche.

Balancez-la, tirez-la, pour qu'elle sonne.

Tirez-la encore, encore et encore, davantage.

Et vous sonnez, vous sonnez, jusqu'à ce que chacun des élèves soit arrivé, et se mette en rang près de vous.

Vous sonnez encore, encore, davantage.

[Pause]

Et comme les élèves pénètrent dans cette salle de classe, vous arrêtez de tirer la cloche, vous… RELACHEZ… la chaine, et vous laissez retomber le bras près de vous, le long du… CORPS… Alors vous vous… LAISSEZ-ALLER…, … PROFONDEMENT…, toujours… DAVANTAGE…, … PLUS PROFONDEMENT…, dans ce… MERVEILLEUX… et… AGREABLE… état hypnotique.

La… RESPIRATION… est… PLUS LENTE… et… REGULIERE…, … PLUS CALME…

Et chaque… INSPIRATION…, chaque… RELACHEMENT…, vous font… PLONGEZ DAVANTAGE… dans ce… MERVEILLEUX… et… AGREABLE… état hypnotique.

… DETENDEZ-VOUS…

Le… CORPS… se… RELAXE…, se… RELACHE…

… DETENDEZ-VOUS…

Pensez « je me… DETENDS…, je me… DETENDS… »

Plus vous entendez « … DETENDEZ-VOUS… », alors que vous pensez « je me… DETENDS… », et plus le… CORPS… se… RELAXE…, et se… RELACHE DAVANTAGE…

… DETENDEZ-VOUS…

Tout se... RALENTIS... dans la tête, tout s'y confond, tout votre esprit s'... ENGOURDIS..., tout s'y mélange, tout votre esprit s'... ENGOURDIS... de plus en plus et... DAVANTAGE..., de plus en... PLUS PROFONDEMENT...

Toute activité mentale décroit, il n'y a plus rien dans votre tête, votre esprit se vide encore, encore, ... DAVANTAGE...

Comme ça, votre esprit se vide encore, encore, ... DAVANTAGE... , et de plus en plus.

Votre esprit est vide, complètement vide, et n'est désormais en rapport avec ma voix.

Seul le son de ma voix vous intéresse, seules les suggestions que je prononce vous intéressent, et votre esprit va rester ainsi pendant toute la séance.

... DETENDEZ-VOUS...

Le... CORPS... se... RELACHE..., se... RELAXE..., une... PARTIE... de votre... ESPRIT... se tourne... DAVANTAGE... vers l'... INTERIEUR... de vous-même, vous... INTERIORISEZ... votre... ESPRIT..., votre... CONSCIENT...

... DETENDEZ-VOUS...

Et vous vous... ENFONCEZ... toujours... DAVANTAGE...

Cette... RESPIRATION... est de plus en... PLUS CALME...

Vous... PLONGEZ... encore, ... PLUS PROFONDEMENT..., dans ce... MERVEILLEUX... et... AGREABLE... état hypnotique.

... DETENTE PROFONDE...

... DETENDEZ-VOUS...

Commencez à... IMAGINEZ... un... ECRAN... devant vous, un... ECRAN... de cinéma par exemple. Vous êtes alors... SPECTATEUR... de cet... ECRAN..., ... CONFORTABLEMENT... installé, peut être dans ce fauteuil de cinéma, et commencez à... REGARDEZ L'ECRAN... devant vous, en faisant comme si vous regardiez... JUSTE UN FILM...

... REGARDEZ... une... EXPERIENCE... récente, ou peut-être plus lointaine, dans laquelle la personne que vous étiez, est trop envahie par ses émotions. Et je vais me taire, et vous allez... REGARDEZ CE FILM... pour la... DERNIERE FOIS... Allez-y.

[Pause]

Très bien.

A présent, peut-être que vous pouvez imaginer les fils électriques qui alimentent l'écran devant vous.

Imaginez que ces fils remontent jusqu'à votre cerveau.

Ils remontent jusqu'à votre cerveau, jusqu'à l'intérieur de votre cerveau. Suivez leur trajectoire, leur chemin.

Alors peut-être que vous pouvez imaginer un bouton de réglage de l'intensité émotionnelle dans ce cerveau.

Allez-y.

Très bien.

… DIMINUEZ… alors le… VOLUME… des… EMOTIONS…, leur… NIVEAU…

… BAISSEZ… encore le… VOLUME…, … BAISSEZ-LE…

[Pause]

Très bien.

Alors que vous avez… REDUIS… le… VOLUME… des… EMOTIONS…, je vais me taire un moment, pour vous permettre de… VIVRE…, en imagination, cette… NOUVELLE SITUATION…, cette… SITUATION MODIFIEZ…, … DIFFERENTE…, … PLUS POSITIVE… et… MEILLEURE… pour vous.

Faites comme si vous y étiez.

… VOYEZ… tout ce qu'il y a à… VOIR… : les… IMAGES…, les… COULEURS… ; … ENTENDEZ… tout ce qu'il y a à… ENTENDRE…, et… RESSENTEZ… tout ce qu'il y a de… BON… à… RESSENTIR…, et comme désormais ces… EMOTIONS… sont beaucoup… PLUS CENTREES…, beaucoup… PLUS EQUILIBREES… Allez-y.

Très bien.

Et à partir de maintenant, au quotidien, quelques soient le lieu, le moment, et les personnes qui vous entourent, le niveau de vos… EMOTIONS… est… CENTREZ…, … EQUILIBREZ…, … STABLE…, … POSITIF…, … MEILLEUR… et… BON… pour vous.

Je répète : A partir de maintenant, au quotidien, quelques soient le lieu, le moment, et les personnes qui vous entourent, le niveau de vos… EMOTIONS… est… CENTREZ…, … EQUILIBREZ…, … STABLE…, … POSITIF…, … MEILLEUR… et… BON… pour vous.

Et vous pourrez… PENSEZ… à cette… SEANCE…, à chaque fois que vous en… RESSENTIREZ… le besoin.

Je vais à présent vous remmener, et je vais pour cela compter jusqu'à 3.

1. … RESSENTEZ VOTRE CORPS…, … RESSENTEZ… le… CONTACT… entre… VOTRE CORPS… et le fauteuil (ou le lit).

2. … INSPIREZ PROFONDEMENT…, … SOUFFLEZ COMPLETEMENT...

… INSPIREZ PROFONDEMENT…, … SOUFFLEZ… et… RELACHEZ COMPLETEMENT...
Vos… PAUPIERES… sont… PLUS LEGERES...

Apprêtez-vous à… REVENIR… Ici et Maintenant.

Votre… COU…, votre… TETE… et votre… NUQUE… sont parfaitement… DETENDUS… et… RELAXEZ…

3. … REVENEZ…, … ICI… et… MAINTENANT…, … OUVREZ VOS YEUX… !

Bonjour !

Vies antérieures

A travers le Monde, des millions de personnes ordinaires affirment avoir vécu des expériences extraordinaires de Vies antérieures, parfois en méditation ou sous Hypnose. Certains bouddhistes croient à la réincarnation et pensent que nous avons plusieurs vies.

Que l'on croit ou non à l'existence de Vies antérieures, l'Hypnose demeure un outil efficace pour retrouver des souvenirs enfouis au fond de soi-même.

Le fait que nous ayons oublié une chose signifie t-il pour autant qu'elle n'existe pas ? Et si cette séance d'Hypnose vous permettait de faire remonter ces mémoires à la surface ?

Avec l'Hypnose, explorez les profondeurs de votre Inconscient !

Cette séance ne se substitue en aucun cas à un traitement médical ni à la consultation d'un professionnel de l'Hypnose en cabinet.

La séance d'Hypnose va se dérouler en trois phases :

La première est ce que l'on appelle dans jargon, l'Induction Hypnotique ; l'Induction Hypnotique est la phase au cours de laquelle nous allons induire, c'est-à-dire déclencher et installer en vous l'état hypnotique. C'est cet état d'Hypnose qui va favoriser la réminiscence d'éventuels souvenirs mis à l'écart de votre esprit conscient.

Une fois cet état d'Hypnose induit, vient la phase de travail ; il s'agit-là de provoquer la remémoration des éventuels souvenirs refoulés.

Enfin, la troisième partie de la séance est simplement la réassociation, à savoir le retour Ici et Maintenant.

Sachez que si vous ré accédez à des souvenirs, vous vous en souviendrez après la séance.

Sachez également que durant cette séance, vous gardez et garderez votre libre-arbitre : l'Hypnothérapeute ne peut donc pas vous faire-faire des choses allant à l'encontre de votre volonté, ou d'une manière générale de ce que vous croyez être bon pour vous.

Sachez enfin qu'à tout moment, vous pouvez bouger ou changer de position, l'essentiel est que vous soyez bien installé et bien à l'aise.

Prenez donc place dans un fauteuil confortable ou dans votre lit, nous allons commencer…

Je vais marquer une pause afin de vous permettre de vous positionner.

[Pause]

Vous êtes maintenant… INSTALLEZ… et… L'HYPNOSE… va pouvoir… COMMENCEZ…

… DETENDEZ-VOUS…

Ne… FERMEZ… pas… LES YEUX… avant que vous… SOYEZ TOTALEMENT DETENDU…

Regardez un peu autour de vous, le décor de la pièce, l'environnement ; laissez le regard parcourir… TRANQUILLEMENT… l'espace qui vous entoure.

Peut-être que vous pouvez aussi entendre les différents sons extérieurs…

Voilà, très simplement, vous vous… POSEZ…, à votre rythme, … TRANQUILLEMENT…, … AGREABLEMENT…

En fait, vous… PRENEZ DU RECUL… vis-à-vis du monde dont vous faites partie, et vous vous placez, un moment, … SPECTATEUR… de ce monde-là.

… DETENDEZ-VOUS…

Il y a tant de choses qui passent habituellement inaperçues, et qui pourtant sont bien là, tout autour de vous, et aussi à… L'INTERIEUR DE VOUS-MEME…

Tenez, la respiration par exemple. Vous respirez toujours, en permanence, et pourtant, vous n'avez pas toujours conscience de respirer.

Votre attention vient peut-être de se… POSEZ… sur… LA RESPIRATION…

… CETTE RESPIRATION…

… L'INSPIRATION… Comme ceci ;

… LE RELACHEMENT… Comme ça ;

Très bien.

Vous… INSPIREZ…

Naturellement, simplement ;

Vous... SOUFFLEZ... !

Parfait.

Laissez les choses se faire ; en fait, durant cette séance, vous n'avez rien à faire, juste... LAISSEZ-FAIRE...

... TRANQUILLEMENT...

... AGREABLEMENT...

Et petit à petit, au fur et à mesure, vous allez vous rendre compte ou... RESSENTIR... comme... LA RESPIRATION... se... CALME..., ... CA PESE... (le conscient du sujet entend « s'apaise », son inconscient entend « ça pèse »), ... CA PESE DAVANTAGE...

... DETENDEZ-VOUS...

Peut-être que les... PAUPIERES... sont déjà... FERMEZ..., ou peut-être pas encore ; et peut-être que vous pouvez alors les laisser se... FERMEZ... pour vous... DETENDRE DAVANTAGE... ?

Très bien, ... DETENDEZ-VOUS...

... RELACHEZ... tous les muscles du... CORPS...

Peut-être que vous pouvez... COMMENCEZ... par... RELACHEZ LE FRONT...

... DETENDEZ-VOUS...

Et puis peut-être aussi les traits du visage, ... TOUTES LES PARTIES... du visage peuvent se... RELACHEZ...

... RELACHEZ...

Peut-être aussi... LA MACHOIRE...

... RELACHEZ-BIEN... la... MACHOIRE...

Et cette... RESPIRATION... ? Est-elle... PLUS CALME... ? ... PLUS LENTE... ? ... PLUS PROFONDE... ?

... DETENTE...

... RELACHEMENT TOTAL...

... RELACHEZ... les... EPAULES...

... RELACHEZ...

... RELACHEZ... le... DOS...

... RELACHEZ...

... RELACHEZ... les... BRAS...

... COMPLETEMENT... les... BRAS...

Peut-être que vous pouvez... IMAGINEZ... ou... RESSENTIR... une vague de... DETENTE... qui... PARCOURS... le... CORPS...

... SENTEZ-LA DESCENDRE...

Se... REPENDS...(-dre)

S'... ECOULEZ... dans le... CORPS... tout entier !

... DETENTE...
Dans les... JAMBES...

Les... CUISSES...

Les... MOLLETS...

... DETENTE...

Dans les... PIEDS...

Jusqu'au bout des... ORTEILS...

La... DETENTE PROFONDE... se... PROPAGE..., de haut en bas, ou de bas en haut, du sommet du crâne jusqu'au bout des pieds.

... COMPLETEMENT...

... TOTALEMENT...

... PROFONDEMENT...

Je vais me taire pendant quelques instants, et à chaque seconde cet... ETAT... va devenir... TRES PROFOND...

... TRES PROFOND...

... PROFOND... (Voix lointaine)

... PROFOND... (Voix de plus en plus lointaine)

... PROFOND... (Voix très lointaine)

[Pause]

... DETENTE...

... IMAGINEZ... que vous... MARCHEZ... sur... UN CHEMIN...

… UN CHEMIN…

… REGARDEZ… le… SOL…

… RESSENTEZ… peut-être… VOS PAS…

… MARCHEZ…

… IMAGINEZ… que c'est… LA LIGNE DE VOS VIES…

Ce chemin est la ligne de vos vies.

Alors peut-être que le décor peut devenir votre vécu.

A gauche, ou peut-être à droite, vous pouvez… VOIR VOS SOUVENIRS…

… RECENTS…

ou… PLUS ELOIGNES…

… L'ADOLESCENCE…

[Pause]

… L'ENFANCE…

[Pause]

… LA PETITE ENFANCE…

[Pause]

Et encore… AVANT…

… MARCHEZ… sur le… CHEMIN…

… CONTINUEZ…, c'est très bien.

… MARCHEZ…

… ENCORE…

… LAISSEZ-VENIR… les… IMAGES… ou les… SENSATIONS…

… LAISSEZ-VENIR…

… BIEN AVANT…

… AVANT…

… LOIN… (Voix lointaine)

… ENCORE PLUS LOIN…

… TRES LOIN…

… LOIN… (Voix de plus en plus lointaine)

… LOIN… (Voix très lointaine)

[Pause]

… DETENDEZ-VOUS…

Nous allons reprendre le chemin du retour.

Peut-être alors que vous pouvez, … TRANQUILLEMENT…, … DOUCEMENT… REMONTEZ… le… CHEMIN…

La… PETITE ENFANCE…

… TRANQUILLEMENT…

… DOUCEMENT…

… L'ENFANCE…

A votre rythme ;

… L'ADOLESCENCE…

Voilà, jusqu'à… L'AGE ADULTE…

… TRANQUILLEMENT… DOUCEMENT… Vous… REVENEZ…

Et je vais compter jusqu'à 5.

Je compte :

1. Vous êtes… TRES DETENDU… TRES RELAXEZ… TOUT VA BIEN…

2. … TRES DETENDU… TRES RELAXEZ…

3. … INSPIREZ PROFONDEMENT… SOUFFLEZ LENTEMENT…

… INSPIREZ PROFONDEMENT… SOUFFLEZ LENTEMENT… COMPLETEMENT…

4. … REINTEGREZ VOTRE CORPS… SENTEZ VOS MUSCLES… RESSENTEZ… toutes les parties de… VOTRE CORPS… Apprêtez-vous à… OUVRIR VOS YEUX…

5. … Vous pouvez… OUVRIR VOS YEUX… OUVREZ VOS YEUX… Revenez Ici et Maintenant.

Bonjour !

A DECOUVRIR…

(DU MEME AUTEUR)

Auto-Hypnose : Mode d'emploi

L'être humain est-il fait pour vivre les tensions que la société moderne, occidentale, lui inflige ?

L'Auto-Hypnose, la pratique de l'Hypnose sur - et par - soi-même, s'affiche et s'affirme aujourd'hui comme une méthode efficace pour lutter contre le stress, et plus globalement pour améliorer son état émotionnel et psychique.

Ce livre vous apprendra ce que sont réellement l'Hypnose et l'Auto-Hypnose, et comment vous pouvez dès maintenant les mettre en pratique, simplement, rapidement, et en toute autonomie, pour évoluer dans votre vie.

Formations et stages en Hypnose

L'*Ecole Française d'Hypnose* organise des formations et des stages en Hypnose Ericksonienne, Hypnose Classique et Auto-Hypnose.

**Découvrez nos formations et stages,
les dates et tarifs sur <u>www.formation-hypnose.fr</u>**